Momentos de crisis

¡Y AL FINAL TÚ DECIDES!

Luz Stella Padilla Castillo

Psicologa & Coach en Pnl

Copyright © 2019

Diseño de portada: Iván Dimas

Editor: Iván H. Padilla

Fotografía: Estudio Velazco

¡Gracias! por comprar mi libro.

Me encantaría conocer tu opinión después de que lo leas.

Te invito a que me escribas ya que es una aportación,

valiosa para mi.

psiluzstella@gmail.com

DEDICATORIA

Dedico este libro a toda mi familia

Y muy en especial a mis Ángeles que me acompañaron durante este proyecto que guiaron con su luz .

AGRADECIMIENTOS

Mi agradecimiento a Dios por permitirme escribir este libro, a mis guías que siempre están conmigo dándome la fuerza y las palabras para transmitir este mensaje.

Mi más sincero agradecimiento a mis hermanos y familia que me animaron y apoyaron en este nuevo reto. Pero sobre todo a mi hermano mayor Iván por dedicarme su valioso tiempo y sus comentarios acertados así, como su paciencia y confianza. También en especial a mi padre por sus aportaciones.

Quiero dar gracias por el apoyo incondicional a mi querido esposo por su paciencia y su colaboración en este sueño.

Agradezco a todas aquellas personas que, ante el comunicado de la elaboración de mi obra, me brindaron sus buenos deseos, y confianza.

Mis más sinceros agradecimientos a todos los involucrados que desde el primer momento me dieron su apoyo durante este proyecto. Así mismo doy gracias a mi mentora Mayra González que estuvo en continua comunicación y motivación durante el tiempo que duro este proyecto.

ÍNDICE

PRESENTACIÓN

Lo que podrás encontrar en este libro es un enfoque personal que utilizo en sesiones, y talleres para enfrentar las adversidades desde mi experiencia. **En la primera parte** te explico algunas definiciones de crisis y que se espera en ellas vista desde la óptica de la psicología del desarrollo del autor Erick Erickson, y la teoría de las crisis del Dr. Gerald Caplan. Después, en **una segunda parte,** te contaré una serie de anécdotas a través de las cuales podrás tener una visión de lo que ocurre en la vida cotidiana y al final, **la tercera parte,** en donde encontraras una serie de ejercicios para que los implementes como nuevos recursos en tu vida. Y aprendas a detectar algunas creencias limitantes que estén bloqueando tu vida.

¡Y AL FINAL TÚ DECIDES!

Este libro va dirigido, a todos aquellos que tengan curiosidad de leerlo, y estén dispuestos a comprender las cosas desde otra perspectiva y descubran, que son etapas trascendentales en la vida, momentos clave para avanzar o retroceder, despertando el potencial de crecimiento personal.

INTRODUCCIÓN

Las crisis de la vida llegan sin anunciarse, te buscan y te encuentran como si fueran un ciclón en un día soleado ¿Te has sentido así?

La vida te da un revés y no sabes por qué te ocurre, ¿Y si tan solo dentro de ese mar de confusión estaría una oportunidad de crecer y darle sentido a lo que te pasa?

Todos en algún momento de nuestra existencia tendremos que pasar por vicisitudes ásperas a lo largo de éste transitar que se llama Vida. Circunstancias desesperantes e incomprensibles quizás cuando más vulnerables nos sintamos, estemos cayendo en ese desánimo, pero no es casualidad que las cosas ocurran así.

Todo lo que sabemos hasta ahora es que nos educaron con

ese viejo paradigma de que sufrir era **"lo normal"** o tal vez tengas una creencia de que una maldición se apoderó de tu ser, o que pudieran ser asuntos karmáticos, sea cual sea la idea que tengas en mente tienes la razón porque es la información que recibiste en ese momento.

¿A qué tipo de crisis nos enfrentamos hoy en día? ¿Han cambiado o seguiremos padeciendo por las mismas cosas? Para ti…. ¿Qué es una crisis? ¿Cómo es que la defines? ¿Tiene algo de bueno atravesar por ese camino? Así pues, te quiero compartir la siguiente anécdota:

ENCUENTRA LA FLOR EN EL PANTANO

La madrugada de un 4 de septiembre del 2018 una fuerte precipitación pluvial cayó sobre la ciudad de Piedras Negras, Coahuila de por lo menos 5 pulgadas de agua. Teniendo como consecuencia el desbordamiento de un arroyo por lo cual se puso en marcha el plan de contingencia por parte de la Secretaría de la Defensa Nacional. Decenas de personas fueron evacuadas y llevadas a refugios provisionales para salvaguardar su integridad.

Durante esos días de implacables lluvias aproximádamente una semana.

Una de colonias que geográficamente está a un lado de donde vivo fue una de las más afectadas, afortunadamente solo fueron pérdidas materiales que incluían enseres domésticos, hasta documentos personales ya que en alguno de los domicilios el agua alcanzó hasta un metro y medio fuimos noticia a nivel nacional, prácticamente nos llovía sobre mojado. El sol tenía más de una semana sin salir la gente dentro de su tragedia, sobre todo los niños, aprovecharon para jugar en el agua, aún y con el panorama desolador, no era la primera vez que sufrían este tipo de fenómenos naturales, según en la historia de Piedras Negras han existido situaciones similares.

Si bien hubo muchos daños me llamó la atención el campo de futbol cercano a mi casa debido a que quedó completamente inundado, sobresaliendo únicamente el travesaño de la portería.

Pasadas las fuertes lluvias, un sábado por la mañana, decidimos mi esposo y yo dar una caminata.

De pronto él exclamó: **¡Mira una flor de loto!** Inmediatamente sentí el impulso de acercarme y tomarle una fotografía pensando a la vez ¿Cómo era posible que apareciera esa flor en ese lugar tan inhóspito?

¿Cómo es que eso sucedió? ¿Cómo creció entre el fango y desperdicios?

Dónde el panorama era devastador días atrás, hoy encontramos vida.

En ese momento reflexioné y entendí que existen dificultades que nos robarán tal vez la paz, nos alterarán o nos desviarán del camino. Pero comprendí que en la naturaleza también ésta Dios dándonos la oportunidad de contemplar diferentes perspectivas y comenzar de nuevo.

Sintiendo curiosidad por algunos significados que la flor tiene para algunas culturas encontré:

En la cultura china a la flor de loto la llaman Lian- Hua y para ellos significa armonía, paz, pureza y salud. Los budistas le otorgan a esta flor el significado de la pureza del cuerpo y el alma; de la que hacen la siguiente relación:

El lodo y el agua donde están enraizados la planta corresponden a los deseos carnales mientras que la flor simboliza la pureza la elevación espiritual.

Para los antiguos egipcios observaron que en la noche el

¡Y AL FINAL TÚ DECIDES!

loto cerraba sus flores y se hundía en el agua, y surgió, una asociación de la flor relacionada con el renacimiento.

Encontrándome así el significado de sus colores:

Azul; significa conocimiento y sabiduría

Simboliza: el triunfo del espíritu y el alma sobre la tentación de los sentidos y lo terrenal la característica de esta flor es que siempre está casi cerrada siendo muy difícil ver su interior.

Blanco; significa bendición e inmaculado

Simboliza: la pureza mental y la perfección del espíritu la característica más llamativa del loto blanco es que por la noche cierra sus pétalos y se sumerge en el agua donde sale con los primeros rayos del sol. Por lo general tiene 8 pétalos.

Rojo: significa amor, pasión, seducción y compasión

Simboliza la naturaleza e inocencia del corazón, cuyos sentimientos siempre se imponen a los de la razón a la flor de loto rojo también se le llama avalokiesthvara que quiere decir la flor de buda de la compasión

Rosa: significa pureza del alma

De todos los colores, el rosa es el principal y más importante de todos. Es el color que se ofrece a los dioses budistas e hindúes. (1)

"Cuando no encuentras la salida ante una situación, y parezca que solo es fango en el camino, sigue caminando y encontrarás una flor de loto en medio del pantano".

CAPÍTULO 1

CONCEPTOS DE LAS CRISIS

Un análisis semántico de la palabra crisis revela conceptos que son ricos en significado psicológico. El termino chino crisis (weiji) se compone de dos caracteres que significan peligro y oportunidad, concurrente a un mismo tiempo (Wilhelm, 1967). La palabra inglesa se basa en el griego Krinein, que significa decidir. Las derivaciones de la palabra griega indican que las crisis es a la vez decisión, discernimiento, así como también un momento crucial durante el que habrá un cambio para mejorar o empeorar (Lidell y Scott, 1968). (2)

La definición psicológica de crisis se refiere a la reacción conductual, emocional, cognitiva y biológica de una persona ante un evento precipitante, que se constituye en un estado temporal de trastorno, desorganización y de necesidad de ayuda, caracterizado principalmente por la disrupción en la homeostasis psicológica del individuo y que aparece cuando una persona enfrenta un obstáculo a sus objetivos o expectativas vitales. En las crisis se pierde temporalmente la capacidad de dar una respuesta efectiva y ajustada al problema **porque fallan los mecanismos habituales de afrontamiento y existe incapacidad para manejar las situaciones y/o dar soluciones a los problemas.** (3)

CAPÍTULO 2

CATEGORIAS DE LAS CRISIS

Frank Pittman habla de Cuatro Categorías de Crisis:

A)- CRISIS CIRCUNSTANCIALES:

Son accidentales o inesperadas, son imprevisibles y se caracterizan por ser ajenas al individuo, su rasgo sobresaliente se apoya en un factor ambiental y externo. Por ejemplo: incendio, enfermedad, inundación, asalto, violación, cambio de residencia, divorcio, desempleo, accidentes, contrariedad económica, etc. Requieren de atención inmediata y ponen en riesgo el bienestar físico o psicológico; pueden ser una oportunidad y/o peligro para crecer y retroceder.

B)- CRISIS DEL DESARROLLO:

Erikson (1959) vio la personalidad como desarrollándose a través de todo el ciclo vital, incluso, cambiando radical- mente como una función de cómo un individuo enfrenta cada etapa del desarrollo. Los eventos precipitantes de este tipo de crisis tienen que ver con los procesos de ma- duración. Por lo tanto, tienen el potencial de trasladar al individuo y a la familia a otro nivel de madurez y funciona- miento. Evolucionar como familia es natural, y también es natural que haya resistencia a adaptarse a las nuevas eta- pas.

Estas son normales, universales y por ende, previsibles. Pueden surgir a raíz de factores biológicos y sociales, más que de la estructura familiar. Erikson dividió este proceso de maduración en 8 etapas en cada etapa hay tareas que cumplir para estar preparado para la siguiente etapa.

Las crisis del desarrollo habituales abarcan el matrimonio, el nacimiento de hijos, el comienzo de la edad escolar, la pubertad, la independencia de los hijos y su posterior aban- dono del hogar, el envejecimiento, la jubilación, la decaden- cia y la muerte de los padres.

C)-CRISIS ESTRUCTURALES:

Son aquellas crisis concurrentes en las que se exacerban de manera regular determinadas fuerzas dentro de la familia. Estas crisis son recurrentes, producto de las exacerbaciones de pautas disfuncionales de interacción de la familia. Brotan de tensiones ocultas que no se han resuelto y que están subyacentes en la propia estructura familiar. Se producen como un intento para evitar el cambio.

Las crisis serían como esos terremotos que surgen periódicamente, producto de fuerzas internas profundas.

La mayoría de las familias verdaderamente patológicas padecen de crisis de este tipo. Son las más difíciles de tratar, ya que la familia hace el esfuerzo por evitar el cambio en vez de conseguirlo. *Jorge Maldonado dice "si estas crisis se tratan como episodios separados nunca se resolverá el problema estructural".*

Cada crisis es como una nueva emergencia, un grito de auxilio para que alguien acuda a proteger a la familia de la necesidad de hacer cambios significativos hacia la salud. (4) *como por ejemplo familias disfuncionales, en las que existe*

-14-

violencia doméstica o algún tipo de adicción, o alcoholismo.

D)- CRISIS DE DESVALIMIENTO:

Estas crisis aparecen cuando hay miembros disfuncionales y dependientes, cuando la ayuda que se necesita es muy especializada o difícil de reemplazar, cuando la familia pierde el control de aquellos de los que depende.

Los niños, los ancianos, los enfermos crónicos y los inválidos son miembros funcionalmente dependientes, mantienen a la familia atada con sus exigencias de cuidado y atención.

La más típica y obvia se origina en el trato con personas cuya incapacidad física o mental es reciente y aún no ha sido del todo aceptada. Tratar con miembros seniles de la familia puede resultar particularmente desgastante y traumático. Esta crisis es una ruptura que obliga al sistema familiar a reorganizarse.

Con lo anterior quiero destacar que estas categorías no son de un solo tipo, pudiendo suscitarse varias crisis diferentes a la vez, creando con esto más caos en un individuo o una estructura familiar.

Por ejemplo, una familia con algún miembro senil, puede estar atravesando también por una crisis circunstancial como una inundación, y/o un divorcio. (5)

O bien en otro contexto una pareja que se encuentra en una crisis del desarrollo y a su vez estar en una crisis de desvalimiento.

ASPECTOS PSICOLÓGICOS DE LAS CRISIS

Este capítulo abordaré el enfoque psicológico, que mencionan diferentes autores.

Halpern desde 1973 las describe en síntomas como:

1. Síntomas físicos.

2. Síntomas de confusión, inadecuación.

3. Sentimientos de ansiedad.

4. Desorganización del funcionamiento de las relaciones laborales, sociales y familiares.

Para. Miller e Iscoe en 1963 las describen como sentimientos de tensión, ineficacia, y desamparo.

Crow en 1977 enseña a los consejeros de crisis a reflejar los aspectos emocionales en colores como:

- ♦ Amarillo (ansiedad)

- ♦ Rojo (cólera)

- ♦ Negro (depresión)

Con frecuencia los clínicos en su práctica observan, no solo reacciones emocionales (llanto, cólera, aflicción), sino también enfermedades somáticas (ulceras, cólicos, trastornos de conducta insomnio, entre otros).

Caplan en referencia a la duración en el tiempo el concepto que maneja la bibliografía clínica de las crisis menciona que se resolverá de manera típica de 4 a 6 semanas, otros autores hacen referencia que las crisis no fueron resueltas en ese periodo de tiempo corto, por ejemplo,

Wortman y Silver en 1987 aplicaron una serie de

pruebas psicológicas y un seguimiento a un grupo de pacientes en crisis que sufrieron cirugía de cáncer lo mismo que a otro grupo de pacientes con enfermedad menos grave encontrando que las crisis fueron mayor a seis semanas, pero menor a siete meses, por lo que concluyeron, que el cálculo de las seis semanas era engañoso.

Por ultimo Lazarus 1980 hace referencia que las crisis de duelo pueden llevarse años. (6)

CAPÍTULO 3

FACTORES PROTECTORES PSICO-LÓGICOS PARA UNA RESPUESTA POSITIVA ANTE LAS CRISIS.

Se entiende como factores protectores a las características de las personas o de las situaciones que al estar presentes protegen o aminoran el efecto de estímulos nocivos sobre el individuo.

Estos factores cumplen un rol de protección en la salud y mitigan el impacto de riesgo en cada individuo. Enfocado el asunto desde esta perspectiva, los factores protectores aumentan la tolerancia ante efectos negativos disminuyendo la vulnerabilidad.

a. **La familia como red de apoyo y factor protector** es un sistema dinámico que interactúa con el medio ambiente y además se considera como elemento intermedio entre el individuo y la sociedad, cumple con funciones importantes como las tareas y actividades que realizan todos los miembros que la conforman, de acuerdo con el papel y la posición que desempeñan en el sistema familiar.

Con el fin de alcanzar los objetivos psicobiológicos de reproducción, desarrollo, crecimiento de los hijos y adquisición del sentido de identidad familiar. *Integrando habilidades, valores, creencias,* aportando al sistema destreza para resolver conflictos, aptitudes de negociación y toma de decisiones.

Para el buen desarrollo del funcionamiento familiar y con ello la protección de la sociedad se requiere de una comunicación adecuada entre sus miembros, *la congruencia entre el lenguaje verbal y no verbal, la afectividad; la expresión de cariño es el instrumento de intercambio especialmente en momentos de CRISIS en* una familia protectora constituye un núcleo donde

-20-

¡Y AL FINAL TÚ DECIDES!

se da lugar a la ternura y a la reciprocidad afectiva.

b. **Los aspectos personales** como factores protectores son los recursos propios para afrontar las adversidades, un adecuado nivel de fortaleza personal, considerando aspectos tales como, grado de compromiso que se asume con lo que se inicia, la tendencia a evaluar las dificultades, como el desafío, que pone a prueba las capacidades y no como una amenaza, así como la predisposición a enfocar los problemas de forma realista y con optimismo.

c. **La fortaleza de un yo**, es decir la estructura de la personalidad, tiene la capacidad de resolución de problemas intentando regular las emociones, protegiendo la autoestima y manejando las interacciones sociales. Lo importante como factor protector es desarrollar una actitud ante los problemas que lleve a buscar en cada caso aquella manera de afrontarlos de la forma más realista posible, e incluso, creativa, generando con ello una menor tendencia a evitar los problemas. (7)

Existen otros factores protectores como.

¡Y AL FINAL TÚ DECIDES!

1. **La resiliencia:** no es un rasgo que las personas tienen o no tienen. Conlleva conductas, pensamientos y acciones que cualquier **persona puede aprender y desarrollar**.

Se trata de una nueva mirada de la manera en que los diferentes seres humanos afrontan posibles causas de estrés: malas condiciones de vida, vejaciones en la familia, privación de la libertad de algún miembro de familia, situaciones de crisis como las causadas por viudez o el divorcio, las grandes pérdidas económicas o de cualquier otra índole.

Bowlby ya desde 1988 lo maneja como el resorte moral o la cualidad de la persona que no se desanima, que no se deja abatir, la habilidad para resurgir de la adversidad, adaptarse, recuperarse y acceder a una vida significativa y productiva.

Grotberg ya desde 1996 refiere que la resiliencia en los seres humanos es la capacidad para hacer frente a las adversidades de la vida, superarlas y ser transformado positivamente por ellas. (8)

Apoyo social en un sentido más amplio, es un conjunto de los recursos humanos y materiales con que cuenta un individuo o la familia para superar una determinada crisis (enfermedad, malas condiciones económicas, rupturas familiares, etc.) los sistemas de apoyo social se pueden constituir en forma de organizaciones interconectadas entre sí, lo que favorece su eficacia y rentabilidad. Por ello hablamos de redes de apoyo social. Las principales son;

Redes de apoyo social natural:

- La familia, amigos allegados.

- Compañeros de trabajo.

- Vecinos.

- Compañeros espirituales (ejemplo parroquias etc.)

Estas redes tienen como ventaja el hecho de que la ayuda que prestan es inmediata, dada la afinidad de sus componentes, ofrecen un apoyo emocional y solidario muy positivo para la persona.

El inconveniente radica en que estas redes son improvisadas: dependen básicamente de la cercanía de sus miembros y del tipo de relación previa.

Así por ejemplo un sujeto que vive solo, sin familia cercana y que se lleva mal con sus vecinos, contara con un apoyo social natural precario o inexistente y que además posiblemente propiciara un mal afrontamiento de situaciones adversas futuras.

Redes de apoyo social organizadas:

- Organizaciones de ayuda al enfermo.

- Seguridad social.

- Organizaciones de voluntariado.

- En las empresas cuentan con sistemas organizados para el empleado.

A diferencia de las redes de apoyo natural el apoyo organizado tiene como ventajas la solidez de sus estructuras y funcionamientos; no dependen de las relaciones afectivas previas; y son accesibles a casi todos los individuos, los inconvenientes son: la posible lentitud de su actuación (precisaran estudios previos, trámites burocráticos), etc. la obligada relación con personas ajenas al entorno del enfermo y el escaso desarrollo de tales recursos. (9)

CAPÍTULO 4

DESESPERANZA APRENDIDA

En la década de los setentas diversos autores ya trataban a pacientes con depresión y observaron situaciones de desesperanza aprendida, pero fue Martin Seligman en la década de los 60 quien se le conoce por su trabajo e influencia en la psicología positiva quien dio un significado específico a este concepto, manejando la desesperanza aprendida como un término que se ve mucho dentro de la psicología del individuo en donde sus recursos y su percepción ante una determinada situación es de no poder hacer nada para resolverla, ni en ese momento, ni nunca y, por tanto, cae en una resignación y desilusión, aprendiendo un comportamiento pasivo.(10)

Esta situación se puede observar más claramente en la historia del elefante encadenado, que a continuación te comparto.

EL ELEFANTE

Cuando era chico me encantaban los circos, y lo que más me gustaba eran los animales. Me llamaba poderosamente la atención, el elefante.

Después de su actuación, el elefante quedaba sujeto solamente por una cadena que aprisionaba una de sus patas a una pequeña estaca clavada en el suelo. Sin embargo, la estaca era un minúsculo pedazo de madera, apenas enterrado unos centímetros en la tierra.

Y aunque la cadena era gruesa y poderosa, me parecía obvio que ese animal, capaz de arrancar con su fuerza un árbol de cuajo, podría con facilidad arrancar la estaca y huir. ¿Qué lo mantiene entonces? ¿Por qué no huye?

Cuando era chico, pregunte a los grandes, algunos de ellos me dijeron que el elefante no escapaba porque estaba amaes-trado. Hice entonces, la pregunta obvia... – y si está amaes-trado, ¿Por qué lo encadenan? No recuerdo haber recibido nin-guna respuesta coherente.

Hace algunos años, descubrí que alguien había sido lo suficien-temente sabio como para encontrar la respuesta. El elefante del circo no escapa, porque ha estado atado a una estaca pa-recida a esta, desde que era muy, muy pequeño.

En ese entonces, cuando era un pequeño elefantito y se vio atado a este extraño elemento de metal, tiró y sudó tratando de soltarse. Y a pesar de todo su esfuerzo, no pudo. La estaca, era ciertamente, muy fuerte para él. Juraría que se durmió ago-tado y que al día siguiente volvió a intentar, y también el otro, y el que seguía...

Hasta que un terrible día lo marcaría para siempre, el animal aceptó con impotencia y resignación su destino. Este elefante enorme y poderoso que vemos en el circo, no escapa porque **"CREE QUE NO PUEDE".**

Él tiene recuerdos de ese fracaso, de aquella impotencia que sintió poco después de nacer. Y lo peor, es que jamás se volvió *a cuestionar seriamente, si aún no podía. Jamás... jamás el elefante intentó poner a prueba su fuerza otra vez, aun viendo como su cuerpo crecía y se hacía cada vez más fuerte. Simplemente nunca más lo volvió a intentar.*

¿Y tú, tienes algo de elefante encadenado? Cada uno de nosotros somos un poco como ese elefante: vamos por el mundo atados a cientos de estacas que nos restan libertad. Vivimos creyendo que un montón de cosas "no las podemos hacer", simplemente porque alguna vez probamos y no pudimos.

Grabamos en nuestro recuerdo: No puedo, no puedo y nunca podré. Muchos de nosotros crecimos portando ese mensaje que nos impusimos a nosotros mismos y nunca más lo volvimos a intentar. La única manera de saber si puede, es intentar de nuevo, poniendo en el intento *TODO TU CORAZÓN.*

Autor desconocido

Cuando leí esa historia por primera vez no entendía por qué elefante no se movía de ese lugar, hoy sé, que es un claro ejemplo de condicionamiento asociativo tal como lo explica Pavlov en sus ensayos del conductismo.

LA PEQUEÑA MISSY

Esta situación te la puedo explicar mejor con lo que me sucedió en un inverno del 2015 cuando me encontraba en mi casa viendo un anuncio en el celular una chica publicó que daba en adopción unos perritos, ella no tenía como cuidarlos y quería que se quedaran en un hogar, al día siguiente fui a verlos, eran dos hembras que le quedaban, una de color blanco y otra color miel, la de color claro estaba algo regordeta y con su pelo blanco fue la que más me gustó, la tome en mis manos e hicimos una buena química, solo que había un pequeño detalle, la muchacha me comentaba que ese tipo de perritos era una cruza entre labrador y pastor alemán, en ese momento recordé que mi patio no es muy grande por lo que sería un problema debido a que al paso del tiempo sería difícil poder tenerla y ocuparía un gran espacio. *Entonces por un momento dude en adoptarla sólo que*

algo dentro de mí me dijo que sería bueno llevármela. Tendría como un mes y medio, la lleve al veterinario ese mismo día para darle un baño y llevarla a su nuevo hogar, con el tiempo creció.

Todos los que la conocían quedaban encantados con ella ya que tenía ese algo que te conquistaba desde el primer momento, y aunque yo sabía que crecería más aun así decidí conservarla.

En la región donde vivo el clima es tan extremoso que durante el verano podemos llegar a tener temperaturas de hasta 50 grados centígrados. Por lo que la tenía dentro de la casa, como la casa no es muy grande, el lugar que le asigne fue en un pasillo, sin embargo, ella no respetaba límites y siempre que llegaba de trabajar me encontraba con zapatos mordidos o alguna gracia regada por ahí, conseguí un barandal y lo puse como barrera para que no se saliera del lugar asignado evitando así sorpresas, con el paso del tiempo ella creció más.

Debido a que cuando se pone en dos patas dobla su estatura.

Ella es una perrita que es algo inquieta y con demasiada fuerza ya te *¡Imaginaras con los genes de labrador y pastor alemán!*

En una ocasión recuerdo que por la ventana de la sala logro saltar y tumbar la alambrera con tal fuerza que me dejó impactada, fue como una escena de película en cámara lenta.

Con el paso del tiempo la fui dejando en el pasillo, independientemente de si hacía calor o frío, debido que ella tenía un problema en la piel, por lo que desde que era pequeña se quedó acostumbrada a quedarse detrás de ese barandal, que con su estatura y con el antecedente del salto por la ventana sabíamos perfectamente que ella podría atravesarla si quisiera.

Con esta historia puedo comprobar el cuento del elefante. Como algo que para ella fue desde pequeña un obstáculo así quedó grabado en su psique para siempre, aún que yo sé que puede brincar muy alto, también sé que jamás ha intentado ni intentará salirse de ese lugar.

CAPÍTULO 5 ANÉCDOTAS

EL VIAJE

Me encontraba de paseo en la ciudad de Guanajuato disfrutando de las vacaciones con mi esposo, ya sabes, los paseos, las comidas, los lugares, la gente, mi mejor oportunidad para disfrutar mi presente. Un día antes de que se terminara la estancia en el hotel por alguna razón le dije a mi esposo, iremos a la recepción para ver la hora que tendríamos que dejar la habitación, al momento de llegar con el encargado de la recepción nos dice que la habitación vence a las 12:00, todo hasta ahí muy bien, lo siguiente que nos dice es, solo que hay una situación con su tarjeta de pago, nos la reportaron como clonada y por tanto el pago que se realizó por internet no fue procesado, tal fue mi asombro que me quede con los ojos cuadrados y pensando, *¿Y ahora que vamos a hacer?* Una gran confusión e incredulidad se apoderó de mi tratando de aclarar lo sucedido, pero fue imposible, el encargado no sabía tampoco de que se trataba.

El empleado parecía apenado por dar una noticia así, su rostro de incomodidad y escepticismo hacia nosotros.

Por suerte el hotel se ubicaba a un lado del banco, nos dirigimos a preguntar con el ejecutivo para aclarar lo ocurrido con la tarjeta, nosotros antes podíamos retirar efectivo y eso de la clonación tendría que ser mentira. El ejecutivo del banco nos atendió con amabilidad, pero el enojo, e impotencia se empezaba apoderar de mí, *¿Qué vamos hacer? no conocemos a nadie y casi nos habíamos gastado todo el dinero.* Todas esas cosas me pasaban por la mente, mientras tratábamos de contactar con la agencia en la que hicimos la reservación del hotel. Cuando al fin contestan, ellos aseguraban que nos habían notificado de la cancelación de la reservación, obvio, nosotros lo que menos checamos son correos, estando fuera del hotel casi todo el día por el paseo y los tours.

Todos esos bonitos recuerdos estaban siendo ensombrecidos por esa situación, me daba mucho coraje, como una empresa se supone que es profesional nos podía estar haciendo esto. Tratamos de explicarle a la encargada nuestra situación, su indiferencia me ponía más de mal humor, argumentando que ellos no podrían hacer nada, que lamentaban mucho la situación.

Para los del hotel éramos estafadores y aparte de todo eso, querían "el pago en efectivo", entre más pasaba el tiempo menos podíamos resolver la situación y lo más lamentable de todo esto era que nos quedaba solo ese día para disfrutar de esas vacaciones, todo me parecía fatal. Como de un momento a otro cambiaron las cosas, *¿Porque justo ahora? ¡Que todo iba muy bien!*

Después de un buen rato, logramos hablar con la supervisora de la compañía, le explicamos todo lo anterior, respondiéndonos que la compañía solo podía pagar un día de la estancia y que nuestro dinero lo reembolsarían, que lamentaban mucho la situación.

La cuestión es que lo devolverían dentro de 15 días, mi disgusto era peor, no queríamos su dinero, queríamos que resolvieran su error porque ya se habían hecho el cargo a la tarjeta.

Después de un buen rato de tanto insistir decidí ir a tomar aire, sentía que me estaba enfureciendo más y más, tuve que recordar mis *clases de yoga espirando e inspirando,* de pronto, sale mi esposo jubiloso avisándome que la compañía pagaría dos días de hotel y nosotros los otros dos días restantes, para entonces ya eran las 4 de la tarde, decidimos irnos a comer

y mientras esperábamos el camión yo no dejaba de quejarme y criticar por la situación, él también estaba algo molesto, pero después de todo lo tomo con más tranquilidad que yo.

Me quede en silencio, respirando, aquietando mi mente, solo observando lo que tenía a mi alrededor, las calles, los carros pasar, la gente, el clima, reconectándome nuevamente con esa parte **de vivir en el presente**, decido retomar el control y dejar de pensar en lo sucedido, en fin, dejo de lado la queja y en esa quietud trato de observar las cosas de otra manera, de percibir lo que si tengo y lo que sí puedo hacer.

Fue cuando, como un destello que me llego esa iluminación, de ver que no era tan malo lo que nos había ocurrido, si disfrutamos, y derrochamos, ahora sí que, "ya lo bailado quien nos lo quita," entonces, pude ver ahí la oportunidad y **DECIDIR.** Lo rescatable de lo ocurrido, es que la agencia nos regaló dos noches, y que pagamos solo dos días de estancia a precio de la tarifa del hotel. *¿Será que dentro de toda la adversidad que yo percibía estaría encerrándose algo bueno para nosotros?,* que el quejarme, maldecir y enojarme, no estaba ayudándome a ver **CLARAMENTE** la situación. O tendrá que ver el sentido de **NO merecimiento** que se encuentra como una semilla plantada en lo más profundo de la consciencia.

Cuando nosotros somos incongruentes con nuestra manera de sentir y pensar es ahí donde radican todas las situaciones adversas, una **IDEA** es sostenida por una **CREENCIA** que nos llevara indudablemente a encontrar ese resultado.

Tu que me lees, quiero transmitirte esa posibilidad de que aun y cuando tengas un panorama frente a ti desalentador y desolador siempre, siempre alberga en ti la **IDEA** de que en algún momento tendrán que cambiar las cosas, solo es eso, <u>una situación que necesita ser reinterpretada y como la percibas dependerá solo de ti, tú tienes el</u> **PODER** de decidir hacia donde guiar el timón del barco, decidir si vas contra corriente o si te dejas guiar por las olas del mar, fluyendo tranquilamente aun en la adversidad.

¡Y AL FINAL TÚ DECIDES!

PÉRDIDA

Cuando decidí el tema de mi libro ya me encontraba en mis propias crisis y es así que surge esta historia, no solo por lo que yo misma estaba atravesando, sino porque en la vida me encontraba con gente que de alguna forma u otra atravesaba sus propias crisis. A lo largo del 2016 me pasaron muchas cosas que en su momento yo no entendía, *el para qué, de lo que me ocurría.*

Unos meses antes de finalizar el año mi cuñada me regalo un gato blanco muy tierno y que le puse de nombre Oruz, llegue a casa y recuerdo que empezaba hacer calor, lo bañe, lo seque, le coloqué en su cajita, asustado corrió al sillón del otro cuarto y se quedó maullando ahí. Un rato después de varios intentos de querer sacarlo y no conseguirlo decidí dejarlo en paz, le acerqué una cobija y me fui a dormir.

A mí me encantan los gatos a mi esposo no le son tan agradables, ese no fue un gran problema pues con su ternura se lo ganó conforme paso el tiempo.

Le fui enseñando a ir a su caja de arena, jugar con el láser y en ocasiones le dejaba salir al frente de la casa, le encantaba andar brincando en el pasto, disfrutaba el conocer la naturaleza, se dormía en su cama y en ocasiones en mi cama, también me seguía mucho por toda la casa. Todos me decían que lo tenía muy mimado. Gozaba de dormir en mi pecho y quedarse ahí conmigo durante la siesta, en cierta ocasión le tomaron una foto y pareciera que teníamos la misma expresión, era increíble que en tan poco tiempo se hubiera ganado mi cariño. Al llegar del trabajo le encantaba estar ahí con nosotros deambulando por el comedor.

Casi cumpliría el año con nosotros ya era parte de mi pequeña familia, a ese gato en particular le fascinaba el agua, siempre que escuchaba la regadera corría a meterse a ella, yo creo que desde pequeño se acostumbró a los baños que le daba y ni qué decir de cuando salía al jardín a regar las plantas, corría y se quería mojar con la manguera, le encantaba brincar en el jardín, trepar por los árboles. Un día se cayó, ya que aún no era un experto trepador, pero eso no le impidió seguir explorando, con el tiempo al acercarse la navidad le conseguí un traje de Santa Claus, en esa ocasión una tía nos regaló también unas camisetas con el mismo estampado, se me ocurrió tomarnos una foto sin embargo a Oruz, no le gustaba la ropa y fue prácticamente imposible tomárnosla.

Cierto día lluvioso y nublado de invierno se escapó a la calle y aunque ya sabíamos que estaba acostumbrado a vagar alrededor de la casa de todas formas salimos a buscarlo, encontrándolo después de un tiempo en la casa del vecino, al acércanos a recogerlo salió disparado obligándonos a ir tras él y como ya era más grande fue difícil alcanzarlo, cuando al fin lo logramos terminamos empapados y cansados de tanto correr.

Aun no salíamos de vacaciones así que procurábamos dejarlo dentro de la casa, pero ese día, precisamente el 24 de diciembre, lo había dejado salir, confiando en que ya conocía la calle, al fin que daba por hecho que solo andaría por ahí, y debido a que regresaríamos temprano para prepararnos para la noche buena. Al regresar del trabajo, lo primero que hice fue buscarlo, al no encontrarlo me empecé a preocupar, *¿Qué le habrá pasado?* supuse que saldría de alguna casa cercana, y que estaría dormido, llegada la noche y al ver que no aparecía pensé que se habría ido más lejos, como ya era tarde y teníamos cena familiar nos fuimos dejándole comida afuera por si regresaba.

Al regresar a casa después de dar el abrazo de navidad, seguíamos sin saber nada de él, creí que con la pirotecnia se habría asustado más, me ponía más triste ya que no sabía dónde podría estar. Se llegó navidad y sin poder encontrarlo me temía lo peor *¿Se lo robarían? o ¿Lo atropellaría?* que pasaría, las preguntas sin cesar y la tristeza invadiéndome dado que, ese gatito había sido una gran mascota con la cual me encariñe, y más mi tristeza aun sabiendo que era navidad.

A veces me asomaba en la ventana para ver si lo veía llegar, sintiéndome muy, pero muy triste. Recuerdo que lo buscamos por la colonias vecinas sin poder encontrarlo, preguntábamos si lo habían visto y nada, cada vez, me sentía muy mal, mi esposo me miraba y sabía que estaba muy triste, pasaron los días y albergaba la esperanza de que un día regresaría, o que al llegar del trabajo lo encontraríamos, no podía de dejar de sentir tristeza y derramar unas lágrimas por él, si tú tienes mascota y te encariñas con ellos me puedes entender, si bien a las personas que le compartía mi dolor me trataban de reconfortar diciéndome que algunos gatos son así, y que después de un tiempo regresaría, otros decían que andaba de novio por ahí, que cuando se canse regresaría.

Transcurrían los días y yo no veía nada de eso, veía sus fotos y me ponía a llorar, mi Oruz se había ido. Lo que más me dolía era no saber en dónde estaba, si estaría vivo o habría encontrado otro hogar.

Recuerdo que mi hermana publicaba en las redes sociales ofreciendo recompensa, pusimos una de sus fotos en la que salía tan bien, ese gato era tan especial. En una ocasión lo subimos al carro, le gustaba ponerse en el tablero para ir con nosotros a la tienda.

Pasaban los meses y sin noticias de él, lo que más resentía era su ausencia, ya no lo vería más, la zozobra me invadía, al paso del tiempo me trataba de sentir mejor pero me invadía la culpa de haberlo dejado afuera ese día, mi hermana me decía que estaba atravesando un duelo por haberlo perdido, una parte de mí trataba de razonarlo y de sentir que no era para tanto, que era un gato, otras veces lo recordaba y lloraba, cierto día mi hermana intentaba hacerme sentir mejor diciéndome que adoptara una nueva mascota y yo le decía que no me sentía lista para eso.

Recordando las 5 etapas del duelo *(negación, ira, negociación, depresión y aceptación)* supe que era el recorrido que tenía que transitar para sanar la perdida. Nunca supe exactamente el orden en el que viví el paso de una etapa a otra, pero, lo que, si te puedo decir, es que hasta en una ocasión le mande hacer un cuadro de esos de lona, pero cierto día un terapeuta me dijo que cada que yo veía una imagen, objeto, o lugar y recordaba un suceso en específico, se quedaba en mi inconsciente y se *reforzaba más ese sentimiento*. Lo llamaba los anclajes pudiendo ser una imagen, prenda o incluso lugares en donde una parte de nosotros se engancha con una emoción y un acontecimiento **reforzando esa emoción (relación entre un estímulo res-**

puesta) cada que lo vemos o tocamos; fue cuando comprendí que no tenía por qué seguir torturándome más con la partida de Oruz y creo que desde entonces entre en la aceptación y decidí recordarlo con amor. Después de un tiempo llegaron a mi casa otras gatitas, que, sin yo esperarlo hoy, continúan con nosotros, creo que la bendición llego por partida triple.

IDENTIDAD

Una joven de 15 años cansada de no entender lo que le ocurría, los cambios fisiológicos, hormonales, tanta confusión ¿Quién soy? que quiere en la vida, cual es el porqué de su existir. A esa edad los jóvenes lo que menos les importa es saber quién quieren ser... Esa joven piensa que nadie la entiende; que no encaja, que quisiera pertenecer y ser aceptada.

Una día cansada y frustrada de no entender las materias como la física, no dar ni una con las notas musicales, y ni digamos con las matemáticas, decide dejar la secundaria en un acto arrebatado, de no entenderse. Esa independencia que quiere lograr tomando sus propias decisiones en donde lo que menos desea son sermones de sus padres y esas cantaletas de "cuando seas grande me entenderás" "mientras vivas en mi casa, son mis reglas", "acaso crees que el dinero se da en los árboles", o "me regalan el dinero", "si tan solo fueras más como tu hermano", esas y tantas y tantas letanías que le retumban en la cabeza.

Por si fuera poco, su mejor amiga se va a vivir a otra ciudad, esas interminables charlas, risas, confesiones, esa complicidad ya no más, o si al menos ese chico que tanto le gustaba volteara a verle tendría una excusa para seguir adelante.

Pero hubo alguien que siempre le decía, tú siempre pregúntate el porqué de las cosas, por qué la silla se llama silla y ese tipo de frases que se fueron quedando como semillas que se plantaron ahí, esperando ser germinadas y reconectadas con el **SER**.

Quizás esa metamorfosis que estaba por llegar fue el parteaguas de una transformación para encontrarse a ella misma. Y encontrar la primera señal.

"En el camino existirán envestidas que te harán tambalearte, dudar de ti, poner a prueba tu persistencia, resistencia, e incluso tu fe. No importa lo que te ocurra ¡Tú siempre encontrarás reponerte"

Entonces, te preguntaras *¿Vale la pena todo eso? ¿Para que la vida te manda esas crisis de adolescencia? ¿Hay algo que puedo aprender de esto? ¿Y si fracaso?*

Desde el punto de vista psicológico las crisis son tan comunes como necesarias si, **NECESARIAS** para el desarrollo de una persona y no precisamente son tan malas como parecen.

Cada suceso que ocurre y es observado como adverso representará un desafío y como tal tiene que ser superado, eso es un proceso de **CRECIMIENTO.**

Que te llevará como en una espiral en ascenso de tu evolución.

¿Y si esta espiral no me lleva a ese crecimiento? Lo más probable es que estas estancado porque el proceso natural de esa espiral es el ascenso.

"A veces es necesario atascarse para desatascarse

detenerse para avanzar,

callarse para después hablar,

escucharse para escuchar,

entenderse para entender,

mirarse para observar,

vencerse para triunfar,

caerse para después levantarse,

perderse para reinventarse".

¿Pero cómo se puede seguir adelante? quizás te estés preguntando, cada uno de nosotros tiene dentro de sí un potencial que espera ser escuchado.

De niños jugábamos a que todo lo podíamos lograr, no había límite para lo que quisiéramos hacer, somos valientes, decididos, arriesgados, confiados, con sentido del humor, si nos molestaba algo después hasta lo olvidábamos. ¿Entonces qué ocurrió? ¿Dónde nos distanciamos de nosotros mismos? *Por qué percibimos que estamos en una crisis de trabajo, existencial, amorosa, económica, de identidad, de salud, de jubilación, en qué momento se dio esa interrupción.*

"Si escuchas al corazón te lo revelará".

Te cuento como me reconecte.............

Una tarde de verano en casa de mi abuela, cuando por las

tardes yo solía estar en la sala en donde podía pasar horas y horas ojeando un montón de libros, que ella conservaba ese olor a libros guardados, de pastas arrugadas, de varios tamaños y de diversas texturas ese aspecto peculiar de los libros antiguos. Un día llamo mi atención uno de color azul, su autor Freud quien me cautivó, por todos esos aspectos tan misteriosos de la mente simplemente algo muy dentro de mi sabía que eso era lo que quería aprender, descubrir el porqué de la mente humana, el comportamiento y ahí fue una segunda señal recordando lo que mi tío Ariel me decía, pregúntate el ¿Por qué de las cosas? Sabía que eso era lo que quería estudiar, Psicología firmemente lo supe desde ese momento.

JUBILACIÓN

En cierta ocasión una persona a la cual quise mucho, mi abuela una mujer fuerte, con carácter, y decidida, que siempre busco ser justa, de apariencia siempre impecable aún recuerdo cuando me visitaba en esos días de vacaciones, eran tan inolvidables, porque lo que me encantaba era que siempre llegaba con dulces típicos americanos y sus tradicionales tortillas de harina, ella no era precisamente ama de casa, pero si un estuche de monerías, sabía desde tejer, hasta confeccionar.

Dedicó gran parte de su vida a su trabajo, con la edad su salud se fue deteriorando, fue inevitable el momento de su jubilación, esa imagen que yo tenía de mujer fuerte, decidida, se esfumaba por los estragos de la edad. Al paso del tiempo comenzaría a extrañar mucho su trabajo, en esos años no lo supe, pero ella estaba atravesando una crisis por jubilación.

Quizás ese fue el aprendizaje más grande que ella me dejo, verla siempre intentar salir adelante y no rendirse, y el saber que ella está en mi corazón dándome la fuerza para seguir.

"Nuestros seres queridos, esperan ser recordados con amor"

DESVALIMIENTO

De cabello oscuro, su rostro avejentado por las preocupaciones, aquella expresión de miedo ante esa noticia que tanto le dolía, fue entonces que llego ante mí Laura vistiendo su ropa humilde y desaliñada. Nunca olvidare esa tarde en el que por primera vez apareció en mi consulta, desconcertada, sin saber cómo empezar a hablar, y su mirada perdida, sumergida en sus pensamientos.

De pronto un suspiro llenó ese silencio de aquel consultorio como queriéndose desplomar, le dije, luces cansada, aunque era evidente que algo la aquejaba.

Laura, originaria de un pequeño pueblo de Oaxaca, que apenas hace algunos años decide casarse aun en contra de lo que su familia le decía, no obstante, le advertían que ese hombre le traería desgracia, de esa unión, nacieron dos hi-

José Carlos y María actualmente de 9 y 5 años respectivamente.

Un buen día las advertencias se hicieron realidad, su pareja decidió abandonarla a su suerte.

Después de ser víctima de abusos y malos tratos. Desde entonces el sentimiento de culpa por no haber escuchado a su familia le afligía y aún más sin dejarla pensar con claridad.

Al preguntarle lo que le ocurría repentinamente exclamo. ¡Fue inesperada la noticia de un tercer embarazo! pero más inesperado aun fue que la recién nacida fuera diferente. Desde entonces, me relata que su vida ha sido un infierno, angustiada aún más porque el dinero no le alcanza debido a los constantes permisos que tiene que solicitar en el trabajo para atender las necesidades especiales de Elena, sin contar las preocupaciones que le daban sus otros hijos, por lo que debían quedarse solos gran parte de la tarde, en ocasiones hasta tenía que trabajar horas extras en la fábrica para completar.

Al principio me mencionó, que no le dio la importancia debida a la enfermedad de Elena, con el rostro desencajado y su mirada furiosa mientras recordaba su desgracia. Realmente estaba desconcertada por la parálisis cerebral que le habían diagnosticado a Elena.

Sin duda para ella esta nueva condición llegaría a perturbar la estabilidad en su vida. Siendo este caso un claro ejemplo de la crisis de desvalimiento.

"En este relato se cambió la verdadera identidad de la protagonista"

CAMBIANDO CREENCIAS

Todos, podemos cambiar ese chip de lo que ocurre, ver la oportunidad dentro de la adversidad, todo esto tiene una connotación en las creencias porque no es más que la suma de las experiencias buenas o malas, todo indudablemente tiene un PARA QUE, no un porque, cuando la mente esta desde el para qué es más fácil darle un sentido a lo que vivimos, solo con la **INTENCION** de ser más consientes en este proceso, es aquí donde te digo que no existen casualidades, algunos les llaman DIOSIDENCIAS.

"Nunca se cierra una puerta sin que se exista una oportunidad"

Un día en mi trabajo, tenía una propuesta para mi jefe, mientras lo esperaba, decidí pedir opinión a una persona del área de docencia, con mucha actitud me dirigí a comentarle dicha propuesta, la cual consistía en realizar una invitación a las universidades para que los estudiantes de la carrera de psicología tuvieran campo para hacer el servicio social en donde trabajo. ¡A lo cual expreso! que ya existían una clase de convenios con universidades para que ellos acudiesen a realizar prácticas, por consiguiente, si no acudían era porque no querían, argumentando que otras escuelas si realizaban sus prácticas entre ellas las carreras de medicina y enfermería.

Su comentario me molestó por la manera pedante de expresarse ya que yo sabía que mi departamento es de nueva creación, por lo tanto, los estudiantes no podían saber que existía la oportunidad de realizar su servicio social ahí con nosotros. Me retire de su oficina, admito que su falta de empatía me dejo helada y me dirigí a buscar a mi jefe, como no lo encontré, me dirigí a una universidad a preguntar, decidiendo continuar con mí propuesta.

Al llegar a la recepción solicité entrevistarme con el departamento académico, lo cual me dio más confianza para preguntar respecto a los convenios, argumentándole que sería un excelente medio de aprendizaje. Debo decir que el trato

fue más amable que el que había experimentado anteriormente.

La encargada me comentó que como la carrera es de nueva
apertura y expreso que era una excelente opción, para
cuando llegado el momento, acudieran ahí. En ese instante
sentí un desánimo, que me hacía dudar de si estaría haciendo lo correcto. Dos negativas en un rato no eran para
menos.

De pronto ella me compartió en confianza un suceso de su
vida personal, la manera en la que llegó a un nuevo puesto,
ella trabajaba anteriormente en un cargo de una agencia,
dicho puesto era bastante demandante, en aquel tiempo
se encontraba embarazada confesándome haber sufrido
discriminación y desigualdad laboral, siendo esto un deto-
nante para que ella tuviera que renunciar a ese trabajo.

Ese mismo día que renunció se encontró con una amiga,
con la que fue a tomarse un café mientras le contaba lo que
le había sucedido, su amiga hizo que viera que esa situación como algo que no iba a poder derrumbarla, que muy
seguramente le esperaba algo mejor, sin embargo, le se-

guía molestando lo que le había ocurrido, sobre todo porque se habían generado una serie de chismes en su contra y malos entendidos previos a su renuncia. Finalmente, las palabras de su amiga le generaron tranquilidad, pues dentro de lo que parecía un mal momento ella podría cuidar de su bebé que estaba por nacer, sin sentir culpa por no poder darle el tiempo que merecería. Su voz era de tranquilidad, recuerdo muy bien sus palabras, << **"yo siempre he tenido mucha fé"**>> en que algún ser supremo tiene algo mejor. Aferrándose a esa idea en su mente y corazón, no sé si ella profese alguna religión o sea ese llamado que en algún momento tendremos que experimentar al pasar a un plano más espiritual, pero su historia me reconforto, sin saberlo, ella me estaba dando un consejo. Al paso del tiempo de esa mala situación le ofrecieron un nuevo puesto en donde ella ahora es más feliz, porque habiendo pasado esos problemas llego su recompensa en forma de un mejor puesto laboral. Le agradecí la plática y me despedí.

Me quede reflexionando sobre la enseñanza que había recibido, en ese momento, concentrada por las dos situaciones que había vivido en ese instante, mi propuesta aún me parecía bien y no deje que me desanimaran las circunstancias.

Mientras manejaba, pase por el teatro de la ciudad y en su explanada observé personalidades de la comunidad educativa, no es común que en ese teatro existan muchos eventos, de inmediato reconocí los camiones de la Universidad, en días anteriores había visto que se presentaría una conferencia de motivación con oradores locales pero que ahora residen en otras partes del interior de la república, el evento estaba dirigido a jóvenes, era un simposium interdisciplinario, revise mi celular donde guarde la fotografía del anuncio, para ese entonces ya era el segundo día de actividades por lo que posiblemente, no estaría el conferencista que yo quería ver, el de inteligencia artificial. siendo ese el tema que más me interesaba.

Al momento de entrar al teatro me recibió una joven edecán preguntándome si representaba a alguna institución le comente que simplemente estaba interesada y que quería escuchar las conferencias, en ese momento llega un joven de saco y se acerca a ver qué es lo que ocurría me presente y le mostré mi interés sin dudar, dio la orden a la señorita para que pudiera entrar me sentí en ese momento **ESPECIAL.**

¡Y AL FINAL TÚ DECIDES!

Transcurrido el tiempo entra el joven para dar su conferencia, con toda una trayectoria originario de Irapuato de nombre Adrián Gutiérrez Ávila con su tema: **"Como ser un mexicano exitoso"**, confieso no lo conocía y su trayectoria menos, para ser muy joven me impresiono, él estaba escribiendo su cuarto libro.

Su conferencia algo dinámica, pero con picos de aburrimiento, algunos datos interesantes reconozco que era bastante hábil en el escenario, la propuesta de él para los jóvenes era transmitir el orgullo y el honor de ser mexicano, buscando alternativas para estar dentro de los mejores y no anteponiendo excusas por ser de este país a no creerse la historia de la mediocridad y de que no se pueden lograr las cosas. preciso que en sus inicios escribió su libro como un tema de investigación transformándolo después en conferencias para tratar de impactar a mas estudiantes.

Mientras tanto pensando en que si sería el último tema me tendría que ir, cuando de pronto anunciaron a otro conferencista que yo lo conocía como cantante era integrante de un grupo que se llamaba Elefante, Jorge Martínez, nacido en Piedras Negras Coahuila, autor de la conocida canción la planta. Durante la mención de su trayectoria dijo que era de profesión contador, cantautor y actualmente está estudiando la carrera de psicología.

Jorge no se definía como conferencista, pero, su música lo fue llevando poco a poco a esta actividad.

El mensaje de Jorge fue más ameno, más relajado, original, cuando empieza a contar la historia de su carrera en esta ciudad algo que relato me llamo mucho la atención refería que en sus inicios tuvo un percance muy fuerte. A los 23 años sufrió un accidente automovilístico que provocaría la muerte de uno de sus compañeros músicos del grupo donde tocaba. El lamentable accidente trajo, por consiguiente, un desenlace que lo llevaría a acusarlo de homicidio imprudencial. La historia es impresionante porque no me imagino vivir esa situación, lo más duro quizás para él es el impacto emocional debido que, amén de todos los problemas legales que se generaron era un gran giro para él. Radicalmente le cambio la vida.

Lo que entiendo es que la conferencia fue encaminada a la crisis que vivió, a lo largo de su historia verbalizo claramente: "las dificultades estarán ahí y no siempre vendrán en una envoltura agradable" generalmente, así llegan y se tiene que aprender a ser creativos en tiempos difíciles.

Su conferencia tenía como título *"A veces se gana y otras se siembra"*.

El mensaje para los estudiantes estaba más que claro, y para mí también.

Entendí que no siempre es fácil tener lo que queremos, en definitiva, **si somos persistentes y sin desanimarnos por las situaciones externas podremos hacer que sucedan, quizás no siempre salgan a la primera, pero ten por seguro que de insistir en algún momento lo lograras.**

Quizás dejemos de creer porque alguien nos desalienta o nos pone piedras en el camino, pero lo que es para ti nada ni nadie te lo quita. Te comparto una historia que nos hace reflexionar sobre esto, a veces los mensajes del universo están ahí, pero es necesario ser receptivo ante lo que nos llega y poder interpretarlos, no es casualidad es sincronicidad.

A el ser humano le gusta escuchar historias que transmitan moralejas sin embargo, ya desde la antigüedad se reunían las familias y tenían la costumbre de contar historias alrededor del fuego, hoy en día se ha perdido esa capacidad de compartir con los seres queridos esa tradición, es por eso que es muy importante que tú que posiblemente, eres papá, o tío que a tu hijos pequeños, sobrinos etc. les hagas algunas enseñanzas a través de cuentos sobre todo los que puedan aportar herramientas para enfrentar adversidades cotidianas.

La fábula oriental que a continuación transcribí.

Las palabras tienen poder, y así como son capaces de destruir son capaces de construir, en algunas ocasiones tendremos que adoptar la manera de la rana sorda para que no afecte tu andar.

LA RANA SORDA

Un grupo de ranas andaba por el bosque, cuando, inesperadamente, dos de ellas cayeron en un pozo profundo.

Las ranas que se salvaron de la caída se reunieron alrededor del agujero y, cuando vieron lo profundo que era, les dijeron a las caídas que no les quedaba otra que darse por vencidas.

Más allá de esto, ellas siguieron intentando salir del hoyo con todas sus fuerzas. **Las otras les seguían diciendo que esos esfuerzos serían inútiles.**

Finalmente, una de las ranas hizo caso a lo que las demás decían, se rindió y murió. La otra *siguió saltando con tanto esfuerzo como le era posible.* La multitud le seguía gritando que era inútil pero la rana continuó, cada vez con más fuerza, hasta que finalmente consiguió salir del hoyo.

Una vez fuera, las otras le preguntaron: "¿No escuchabas lo que te decíamos?" La rana les dijo que era sorda, y creía que las demás la estaban animando desde el borde a que pusiera todo su esfuerzo para salir del hueco.

(autor desconocido)

Una gran historia para reflexionar y perfecta para citar una frase de la famosa película "En busca de la felicidad":

"Nunca dejes que nadie te diga que no puedes hacer algo, ni siquiera yo. Si tienes un sueño, ve por él".

El ACCIDENTE

Es lamentable como a veces no agradecemos desde lo más mínimo en la vida, damos todo por hecho, sin saber el lugar ni menos la hora en que podemos perderlo todo.

Cierto día una tormenta nublo todos sus sueños, Andrea desconocía lo que estaba por ocurrirle esa mañana.

La televisión anunciaba la noticia de un terrible accidente de tránsito. Andrea, la protagonista de esta escena trágica, una mañana común en la que se dirigía a la universidad sonó su teléfono, mientras manejaba pulso el botón para contestar la llamada, la música de fondo se detuvo, Marcos, su novio le pregunta ¿qué haces Andy? Contestándole, voy de camino a la uni. Marcos le incitaba para que faltara a la clase de la primera hora, cuando de pronto Andrea tuvo que dar un volantazo debido a que no alcanzo a ver el carro que intentaba rebasarla a gran velocidad por el lado izquierdo, perdiendo el control, quedando a la mitad de una intersección principal. El impacto fue brutal e instantáneamente perdió el conocimiento.

Mientras tanto al otro lado de la bocina se escucharon los ruidos intensos del aparatoso choque. Los espectadores ante aquel accidente llegaron de inmediato para auxiliarle llamaron a una ambulancia.

Marcos no deja de sentirse culpable por lo que ha ocurrido, es como si su mundo se hubiera derrumbado, perdiendo las ganas de vivir por aquel día en que se arrepiente de haberle llamado a su novia.

En este caso Marcos genero mucha ansiedad, noches sin poder dormir, comenzó a beber su mente le enviaba mensajes de que la culpa era de él, sintiéndose responsable de aquel accidente. El ahora transcurre un proceso de terapia psicológica.

Hay que darnos cuenta que la vida es un instante y que el tiempo no puede regresar ante lo que ocurrió.

CAPÍTULO 6 EJERCICIOS

PLAN PARA ACCIONAR

Quiero darte unas recomendaciones que pueden servirte como pasos muy puntuales para que las tomes en cuenta y que te ayuden a transitar ese camino de dificultad.

- Acepta el cambio.

- Se flexible en tu manera de pensar.

- Expresa tus sentimientos.

- Toma las nuevas oportunidades como nuevos retos.

- Aprende a modificar tus creencias sobre las situaciones.

- Cultiva una red de apoyo (amigos) es decir que cuentes con al menos una persona que puedas llamar en caso de urgencia.

- Fomenta actividades de recreación.

- Se agradecido.

- Aviva la esperanza y el optimismo porque tarde o temprano las cosas tendrán que mejorar.

Reflexionar sobre lo sucedido

- Si es un problema divídelo en pequeñas partes para poder tomar decisiones.

- Muévete hacia una meta realista.

- Busca oportunidades para auto-descubrirte (esto es útil para los adolescentes que están en esa transición de autonomía, o búsqueda sentido de vida. e incluso en los adultos en etapas de cambio).

- Potencia tu confianza (observa cómo has salido antes de esas dificultades).

- Aprende del pasado.

Busca grupos de auto-ayuda

Existen muchos centros de asistencia social como talleres de manejo de duelo, tanatología, adicciones etc. en internet también puedes encontrar recursos como libros y de más artículos. Pero sobretodo acércate a los especialistas.

En este capítulo te propongo una serie de ejercicios para que los implementes como nuevas herramientas de acción en tu vida.

Así pues, elige ese espacio cómodo solo para ti, busca un momento en el día para realizarlos. Este ejercicio y todos los demás deberás llevarlos a cabo durante al menos 21 días practícalos con constancia, perseverancia, y una actitud dispuesta.

LISTA DE AGRADECIMIENTOS

Consigue una libreta de preferencia que sea nueva para que la utilices como tu diario de agradecimientos, en ella vas a escribir una lista por lo cual te sientes agradecido en tu vida anteponiendo la frase **AGRADEZCO** por ejemplo; agradezco que en la mañana abrí los ojos, Agradezco por este café, o pudiera ser que agradeces que tienes una cama, un plato de comida al principio es posible que te sientas disperso, o que no tienes nada por qué ser agradecido, pero te exhorto a realizarlo y comprobarlo. Puede ser desde la más mínima cosa hasta la más extraordinaria que te haya ocurrido. *Esto no tiene nada que ver con alguna religión o con lo que tu creas.*

Después de este ejercicio tu nivel de energía cambiara y tu OPTICA también

"Suma tus bendiciones para que sean menos tus decepciones"

¡Y AL FINAL TÚ DECIDES!

ENCIENDE LA ESPERANZA

Cuando tú estás en tu auto y de repente en el radio suena tu canción favorita estas teniendo un recuerdo en tu memoria, tal vez recuerdas algún momento especial o no tanto, así se conforman los anclajes de tipo auditivo. El anclaje visual, cuando observas una imagen, o escena que te remonta a algo que viviste. El anclaje de tipo kinestésico puede ser un aroma que te traslada a algún lugar, o te recuerda una situación, existen anclajes positivos o negativos. (términos usados de la programación neurolingüística).

Entonces la propuesta para ti es para fomentar la esperanza ahora que ya sabes que tienes muchos anclajes sin que tú seas consciente de ello es que escuches con mucha, mucha atención una canción que es para mí muy especial, tal vez ya la escuchaste, los ritmos que maneja, su letra tan inspiradora, que te invita a mantener y provocar esperanza, la frase que tiene gran fuerza es a mi juicio la siguiente....

"SABER QUE SE PUEDE QUERER QUE SE PUEDA, QUITARSE LOS MIEDOS SACARLOS AFUERA"

Te animo a que la escuches y pongas toda tu ATENCION y observa que efectos producen en ti. Su Interprete DIEGO TORRES tema COLOR ESPERANZA.

O BUSCAR OTROS RITMOS QUE INVITEN A ELEVAR EL ESPÍRITU COMO CANTOS GREGORIANOS

Se ha comprobado que la música impacta en el estado de ánimo de las personas, es un poderoso estimulo sensorial, mejora nuestro sistema inmunológico, también aumenta tu memoria y obviamente el movimiento corporal que provoca el ritmo de la melodía te da una sensación de bienestar. Por estas características se acuño **el termino de musicoterapia** que se refiere a la utilización de la música y/o de sus elementos (sonido, ritmo, melodía y armonía) a fin de asistir a las necesidades físicas, psíquicas, sociales y cognitivas.

"Solo inténtalo"

ACEPTAR PARA PODER AVANZAR Y ADAPTARSE

En esta época que todo se vive efímeramente hay apegos a las cosas materiales, a las personas, o situaciones. Es importante mantener una actitud abierta a la ENSEÑANZA, entender que todo lo que sucede es para avanzar, cuando por alguna razón la situación parezca amenazante o paralizante aun así debes continuar.

Te propongo una serie de pasos para la aceptación:

Paso 1 Acepta la situación sin juicios.

Paso 2 Cambia el enfoque (es decir, cambia la forma de percibir la situación, no pienses como lo harías habitualmente).

Paso 3 Observa la situación como si fueras un espectador.

Paso 4 Elabora una lista de aspectos positivos que te dejó y lo que no puedes cambiar.

Paso 5 Asume tu parte de responsabilidad (en que fallaste o que dejaste de hacer).

Paso 6 Enfócate en el ahora (que es lo que sí puedes hacer al respecto).

¡Un paso a la vez!

Con esto quiero compartirte lo que una vez me dijo una persona "tal experiencia" **me REGALÓ disciplina.** Si adoptáramos este tipo de frases avanzaríamos más a nuestro único objetivo que es ser más **CONSCIENTES** de las situaciones, cuando eres más consciente de algo esa situación ya no te lastima ni te hace sufrir, dejas de lado el pesimismo y el victimismo.

Hoy quiero decirte que esta oportunidad de compartirte mis experiencias es algo que espero pueda inspirar tu vida y cualquier cosa por la que estés pasando sea un duelo, una enfermedad, una separación, o tengas que tomar una decisión en tu trabajo, o tengas problemas con tus hijos etc.

Ten en cuenta que siempre puedes **"Re encuadrar"** una situación, es decir, buscarle un ángulo distinto desde una nueva óptica o como cita una frase de las reglas del magnate "Jhon Rockefeller" *"SIEMPRE PROCURA CONVERTIR CUALQUIER CATASTROFE EN UNA NUEVA OPORTUNIDAD"*.

INSPIRATE EN POSITIVO

El siguiente reto es para que por lo menos por 21 días busques gente que le sume valor a tu vida y que te inspire de manera positiva, puede ser algún famoso artista o simplemente voltear a tu lado y encontrar tantos héroes anónimos que están por las calles, lo que quiero provocar en ti, es esa posibilidad de observar más allá de tu manera acostumbrada, de hacer las cosas y con ello ir moldeando nuevos hábitos y conductas. Encontrarás talvez, que no todas las historias cuentan con el fueron **"FELICES POR SIEMPRE".**

" Que la queja no empañe tu meta"

MEDITAR PARA AQUIETAR

Hoy sabemos de los beneficios de la meditación (Mindfulness) que apoyados con la ciencia nos dicen que estimula la empatía, facilitando el encuentro con nosotros mismos, mejorando la memoria, las funciones cognitivas, el sistema inmune, la tolerancia al dolor, pero, sobre todo, nos ayuda a generar estados más positivos para poder llegar a un estado de bienestar y equilibrio.

Así pues, quiero dar paso a una técnica que empecé a practicar. En una ocasión asistí a un taller de meditación o plena consciencia, de tal modo que no es fácil de practicar y esperar que los resultados sean de inmediato, pero, la práctica hace al maestro. Puedes Intentar que sean dos minutos al principio y poco a poco ir incrementando el tiempo. Si te es más fácil te recomiendo que sea antes de dormir, busca un lugar cómodo, puedes adecuar tu espacio especial con velas de aroma, poner tu mat,(tapete de yoga)

De preferencia que sea un espacio libre de ruidos, y lejos de toda interrupción. Puedes poner música relajante, pero sobretodo no tengas expectativas. Te sugiero seguir los siguientes pasos

Paso 1 Toma una postura cómoda.

Paso 2 Cierra los ojos.

Paso 3 Concéntrate en tu respiración.

Paso 4 Enfócate en el momento presente, reconociendo las sensaciones de tu cuerpo (toma conciencia de el).

Paso 5 Deja que tus pensamientos sean como olas de mar.

(sin detenerte en ninguno en particular solo fluyen)

Otra manera para meditar que te sugiero es la del tipo contemplativa la cual fomenta la concentración y atención.

Paso 1- Toma una postura cómoda.

Paso 2- Puedes utilizar una imagen (de alguna oración, alguna imagen de algún paisaje que te de paz o imagen religiosa, inclusive salir a la naturaleza).

Paso 3- Mientras la observas repite mentalmente una frase corta que te dé fuerza (fe, Dios, Amor etc.) o un mantrams significa palabra de poder

Paso 4 –Mantén en tu mente la frase, o imagen que elegiste

Paso 5- Se consciente de tus sensaciones.

Puede ser una frase de algún salmo o algo que te haga clic.

No necesitas invertir grandes cantidades de dinero solo tu voluntad y sobre todo sin **ESPECTATIVAS** porque, eso dependerá de cada quien. Es cuestión de que te abras a la posibilidad de encontrar herramientas alternas para gestionar emociones y encontrar un equilibrio. Con eso tienes nuevas herramientas para implementar en tu vida.

"Empieza haciendo algo hoy para ti"

¡Y AL FINAL TÚ DECIDES!

EL SEMÁFORO EMOCIONAL

Las emociones son ese sistema de referencia que nos avisa de que algo no está bien o por el contrario que estamos en algún peligro las emociones básicas, tienen esa función primordial de ser adaptativas, porque nos protegen de las situaciones de peligro el tener que huir ante la amenaza.

El ser humano tiene la capacidad de expresar, entender, las emociones. Lo ideal sería que siempre estuviéramos en contacto con esa brújula, pero, en ocasiones la misma cultura, educación no permite que sea así y estamos acostumbrados a expresar las emociones de forma errónea.

La propuesta será la siguiente si decides aceptarla. En la página inferior he colocado el semáforo emocional como sugerencia para que identifiques tus emociones se honesto contigo misma (o) y durante el día identifica que, situaciones te provocaron esas emociones.

"Dedícale el tiempo, ¡vamos sé que puedes hacerlo!"

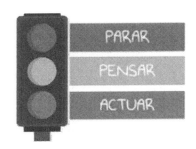

"Detrás de un comportamiento hay un pensamiento y un sentimiento inconsciente"

Ejercicio el semáforo emocional tiene como finalidad tomar conciencia de tus emociones. Algunas sugerencias de uso: Puedes usar tu creatividad y escribir la situación en particular que identificaste y su respectiva emoción, además, atribuirle algún color.

¡Se inteligente en tus emociones para gestionarlas de una manera asertiva!

Para, piensa, y soluciona.

colores que te ayudan a identificar la emoción

Rojo: Enojo y sus derivados

Morado: Miedo y sus derivados

Negro: Tristeza y sus derivados

¡Y AL FINAL TÚ DECIDES!

Verde: Alegría y derivados

¿Qué puedes a hacer ante la situación?

Rojo

Céntrate en la respiración tranquilízate y piensa antes de actuar.

Amarillo

piensa en soluciones alternativas, evita actuar de manera reactiva.

Verde

Adelante pon en práctica la mejor solución.

CONCLUSIÓN

El conocimiento no sirve si no se comparte, si no se practica y si no se vive, a veces nos toca enseñar y otras veces aprender y por eso en la vida hay que estar alerta y observar más allá, por tanto, ***"No solo de felicidad vive el hombre en la adversidad se encuentra la gran oportunidad de crecer"*** hay que **CRECER EN EL SER,** y hay que **CREER** para **SER.**

Quiero invitarte y que encuentres una posibilidad de entendimiento, pero, de ningún modo es una fórmula mágica te hablo desde mi experiencia quiero que pienses un momento y si es el caso acudas a la ayuda de un profesional de la salud emocional es ahí en donde surge la oportunidad de auto-conocimiento y auto-descubrimiento.

Al hablar de la salud emocional, todavía existen muchos mitos y creencias erróneas de lo que hace un psicólogo. Pedir ayuda no te hace más débil o más vulnerable acudir con quien te ayudara a entender lo que te pasa, aceptar que tus recursos no están siendo efectivos, o tus habilidades para afrontar una determinada situación no están actualizadas, o que quizás estés atravesando un bloqueo mental como a muchos a veces nos ocurre.

Tener una perspectiva diferente te ayudará a ver las cosas de otra manera, hoy en día se le da mucha importancia a la inteligencia emocional y con ello entender tus emociones y comprender la de los demás.

Procura fomenta en tus hijos esa inteligencia y otórgale más valor a sus habilidades aquello en lo que si son buenos ayúdalos a trascender como seres humanos. Motívalos para tener un proyecto de vida y un sentido de vida generar nuevos recursos, para que ellos a su vez trasciendan como seres humanos y que puedan transmitirlo a sus generaciones.

"El que guía necesita ser guiado"

CONTACTO

psiluzstella@gmail.com

Stella Book´s

¡Y AL FINAL TÚ DECIDES!

SOBRE LA AUTORA

Nace en Guadalajara Jalisco, de pequeña se imaginaba escribiendo, igualmente le gustaba colorear temprano por las mañanas. Para el año 1991 llegó a la ciudad de Piedras Negras, Coahuila en donde su inquietud por la computación la llevan a estudiar en el año 2002 la carrera de diseñador en sistemas computacionales para después comenzar su sueño en la Licenciatura en psicología en el año 2010-2013 en el Centro de estudios Universitarios Vizcaya de la Américas.

Se considera soñadora, emprendedora además de entusiasta, le encanta la naturaleza, la música, y practicar yoga. Le gustan las mascotas. así como de aprender de todo.

Ya en el año 2018 se decide a plasmar en estas líneas lo que considera una nueva faceta, en la cual entra en este taller

"Reinas que inspiran" para auto publicar su primer libro. Atreviéndose a explorar y dejándose guiar.

Con ello poder   impulsar a más personas a que vivan sus metas y realicen sus sueños.

TRAYECTORIA PROFESIONAL

Comenzó su consultoría profesional en la práctica privada en el 2015, ya para el año 2016 sus inicios fueron en el campo de la docencia en el Centro de estudios Universitarios Vizcaya de las Américas.

Actualmente se desempeña como psicóloga clínica

A tenido participaciones como ponente en:

En la Secretaria de Salud en el primer simposio de oncología de enfermería en el año 2015 Así mismo, participo en el curso de relaciones humanas y trato digno al paciente. Su intervención en ponencias en el curso de prevención del suicidio e intervención en crisis.

A su vez a impartido temáticas relacionados a la calidad de atención para el personal en enfermería en el año 2017.

A participado como jurado en el primer seminario de investigación de hematología clínica de la Escuela de Medicina UADEC. De la unidad Norte el 18 de noviembre del mismo año.

Participo como sinodal en la tesina del diplomado de liderazgo en el Centro de estudios Universitarios Vizcaya de las Américas.

Elaboro el Workshop de inteligencia emocional y habilidades sociales en el campamento de verano de las convivencias infantiles del SNTSA en julio 2018

Narrativa de Cuenta cuentos infantiles "Paula y su cabello multicolor" educación emocional autora Carmen Parets.

Elaboración de una propuesta de intervención sobre la atención integral preventiva en casos de ansiedad Febrero del 2018 con marco teórico gestáltico humanista para individuos de edad entre 15 a 60 años no directivo con el modelo de arte terapia.

Elaboración de un artículo sobre arte Arte terapia denominado una ventana a lo creativo marzo del 2018. Disponible en:

¡Y AL FINAL TÚ DECIDES!

http://psicologaluzs.blogspot.com/2018/03/v-behaviorurl-defaultvmlo.html

Elaboración de un ensayo sobre el suicidio comportamiento y prevención. 15 de 18 agosto del 2015 encuentra este artículo en:

http://psicologaluzs.blogspot.com/2015/10/sabes-las-causas-del-suicidio-infanto.html

¡GRACIAS POR LLEGAR HASTA AQUÍ!

REGALAME UN COMENTARIO ACERCA DE MI LIBRO.

psiluzstella@gmail.com

fanpage Stella Book´s

Instagram Stellabooks6

COMO HA LLEGADO HASTA AQUÍ.

- Certificación internacional Life Coach en programación neurolingüística e inteligencia emocional en el INSTITUTO DE TERAPIAS ALTERNATIVAS Y HOLISTICAS INTERNACIONALES (ITAHI

- ubicada en Monterrey N.L. avalada por la secretaria de educación pública. 2018-2019.

- Arte terapia en el instituto de formación CRETARE terapias creativas y artísticas diferenciadas en febrero del 2018 en victoria Tamaulipas.

- Neuropsicología alcances y aplicaciones taller en marzo del 2018 en la Universidad Vizcaya de las Américas Piedras Negras.

- Manejo clínico y psicología del estrés y la ansiedad en el colegio de urgencias APHEM en marzo del 2018 avalado por la secretaria de educación y subsecretaria de educación media superior en el estado de Morelos.

- Prevención de la conducta suicida en el centro de investigación social y atención psicopedagógica A.C. CISAPSI en junio del 2018.

- Taller vivencial con arcángeles en Piedras Negras Coahuila HASYA México 28 y 29 de julio del 2018.

- Taller de capacitación de Marketing para psicólogas 13 agosto del 2018

- Taller la culpa en el proceso de duelo AMPYTAC asociación mexicana de psicoterapia y tanatología A.C. 26 de octubre del 2018.

- Taller de abundancia con la ayuda de tus arcángeles en la ciudad de Zaragoza Coahuila, el 17 de noviembre del 2018.

- Seminario de neuropsicoeducacion aplicada en el aula en CIDEH IMPULSA centro de innovación y desarrollo emprendedor En Oaxaca marzo de 2017.

- Diplomado en terapia de pareja con enfoque sistémico mayo 2017 por el centro de actividades psicológicas SERENDIPITY Tuxtla Gutiérrez, Chiapas.

- Curso intensivo de formación docente con intervención lúdica e inclusión.

BIBLIOGRAFÍAS

1. http://hablemosdeflores.com/significado-de-la-flor-de-loto/

2. Slaikeu Karl A.(1996) intervención en crisis manual para practica e investigación segunda edición México D.f. editorial manual moderno.

3. Universidad Industrial. de Santander guía de atención en pacientes en crisis emocional. Primeros auxilios psicológicos. 5 de agosto del 2014 Disponible en: https://www.uis.edu.co/intranet/calidad/documentos/bienestar_estudiantil/guias/GBE.80.pdf

4. Pittman, Frank (1990) Momentos Decisivos: Tratamiento de Familias en Situaciones de Crisis Buenos Aires: Editorial Paidós, pp. 29-43.

¡Y AL FINAL TÚ DECIDES!

5. Maldonado, Crisis, pérdidas y consolación en la familia, p.37

6. Kagan Richard y Schlosberg Shirley,(1989) Families in Perpetual Crisis (New York: W.W. Norton,

7. Slaikeu Karl A.(1996) intervención en crisis manual para practica e investigación segunda edición México D.f. editorial manual moderno.

8. Eleana Oyarzún N.

   Disponible en:

   https://www.u-cursos.cl/medicina/2008/2/MPRINT25/1/material_docente/previsualizar?id_material=184409

9. Gallar,M(2006).Promoción de la salud y apoyo psicológico al paciente(4ªedición ed.).Madrid: Thomson Paraninfo

   Disponible en: https://ocw.unican.es/pluginfile.php/1420/course/section/1836/tema_13.pdf

10. Centro de terapia cognitivo conductual y ciencias del comportamiento julio 2010 desesperanza aprendida revista de terapia cognitivo conductual

¡Y AL FINAL TÚ DECIDES!

Primera edición.

Este libro se terminó de imprimir en Julio del 2019

Made in the USA
Columbia, SC
18 June 2022

61871106R00064